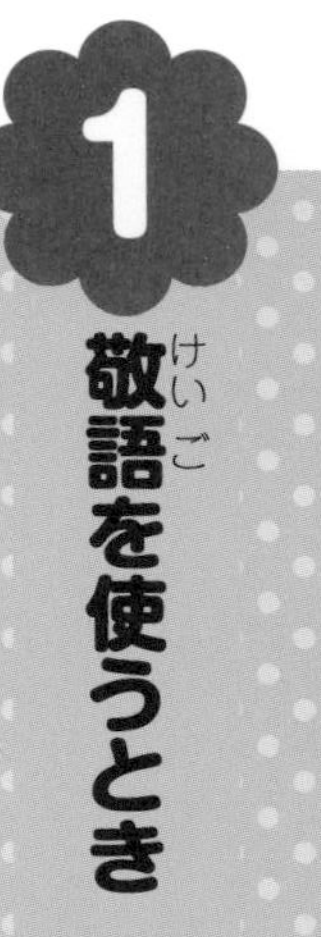

1 敬語(けいご)を使うとき

1 次の文章を読んで、敬語(けいご)の使い方を覚えましょう。（読んで20点）

次のようなとき、ど[illegible]いかを考えて、文章を読みまし[illegible]

〈初めて会う人と[illegible]〉

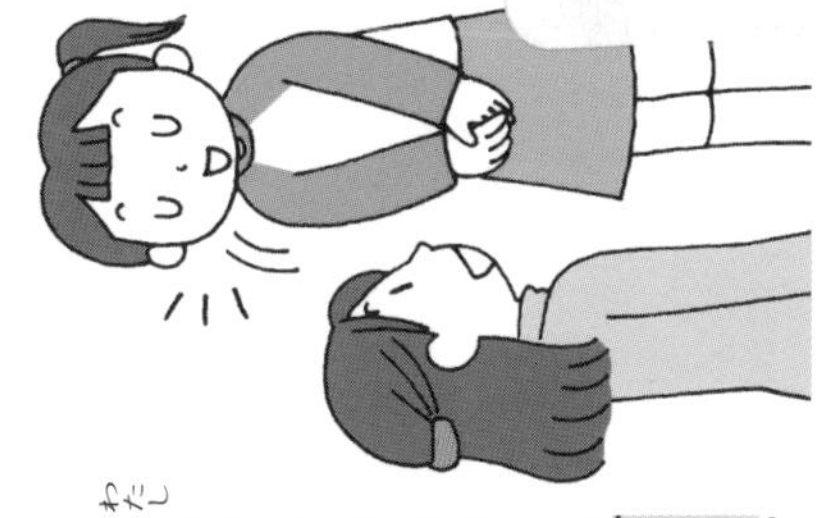

私(わたし)は山田めぐみです。よろしくお願いします。

〈[illegible]ねてきたとき〉

こちらで少しお待ちください。

〈先生に話すとき〉

明日(あす)、うかがってよいですか。

〈先生に話すとき〉

冬休みは祖父の家に参ります。

■のように、相手に敬意(けいい)を表したり、ていねいに言ったりする言い方を「**敬語**(けいご)」といいます。

2 敬語の使い方が正しい文に、○をつけましょう。（一つ16点）

(1)
（　）私は　川上はるかだ。
（　）私は　川上はるかです。

(2)
（　）向こうから　先生が　来る。
（　）向こうから　先生が　いらっしゃる。

(3)
（　）ぼくが　本を　片づけて　きます。
（　）ぼくが　本を　片づけて　くる。

(4)
（　）休みの　日に　行って　よいですか。
（　）休みの　日に　うかがって　よいですか。

(5)
（　）母は、明日の　午後、そちらに　参ります。
（　）母は、明日の　午後、そちらに　行きます。

(2)は「いらっしゃる」、(4)は「うかがって」、(5)は「参り」が敬語だよ。

2 敬語の種類

1 次の文章を読んで、敬語の種類を覚えましょう。（読んで20点）

月　日　点

敬語には、次の三つの種類があります。

①**ていねい語**（ていねいな言い方で相手に敬意を表す。）

お店でお花を買います。

ぼくが山本です。ぼくが持ってきます。

②**尊敬語**（相手や話題になっている人を敬って言う。）

先生のお話。
先生が話される。
先生がお話しになる。
先生がおっしゃる。（言う）

③**けんじょう語**（自分や身内の者をけんそんして言う。）

先生にお手紙を書く。
先生にお話しする。
市長にお目にかかる。（会う）
父は家におります。（いる）

2 ――の言葉が、ていねい語なら「て」を、尊敬語なら「そ」を、けんじょう語なら「け」を書きましょう。（一つ10点）

(1) 私が　高橋です。……（て）

(2) 先生の　お話を　聞く。……（　）

(3) 先生に　お手紙を　書く。……（　）

(4) ぼくが　プリントを　持って　いきます。……（　）

(5) 校長先生が　朝礼で　お話しになる。……（　）

(6) 放課後、先生に　お話しする。……（　）

(7) 母と　お店で　買い物を　する。……（　）

(8) 先生が　ゆっくりと　話される。……（　）

尊敬語は、先生など目上の人や親しくない人、大勢に対して、話したり書いたりするときに使うよ。自分や身内、友達には使わないよ。

3 ていねい語 「お」「ご」を付けた言い方 ①

1 次の文章を読んで、後の問題に答えましょう。（一つ10点）

ものの名前に「お」や「ご」を付けて、ものごとをていねいにいうていねい語があります。あまり親しくない人や、大勢に対して、話したり書いたりするとき、失礼にならないように使います。

母がお花を生けます。

お茶わんにご飯を盛る。

「おなか」や「おにぎり」のように、「お」を取ると意味がちがってしまう言葉もあります。

(1) ていねい語に、○をつけましょう。

ア（　　）お花　　イ（　　）ご飯

ウ（　　）おり紙　　エ（　　）ごぼう

オ（　　）おにぎり　　カ（　　）ごみ箱

キ（　　）おいしい　　ク（　　）ごちそう

2 「お」や「ご」を付けたていねい語の使い方が正しい文に、○をつけましょう。（一つ12点）

(1)
(　)お店で　パンを　買います。
(　)店で　おパンを　買います。

(2)
(　)おレジで　金を　はらいます。
(　)レジで　お金を　はらいます。

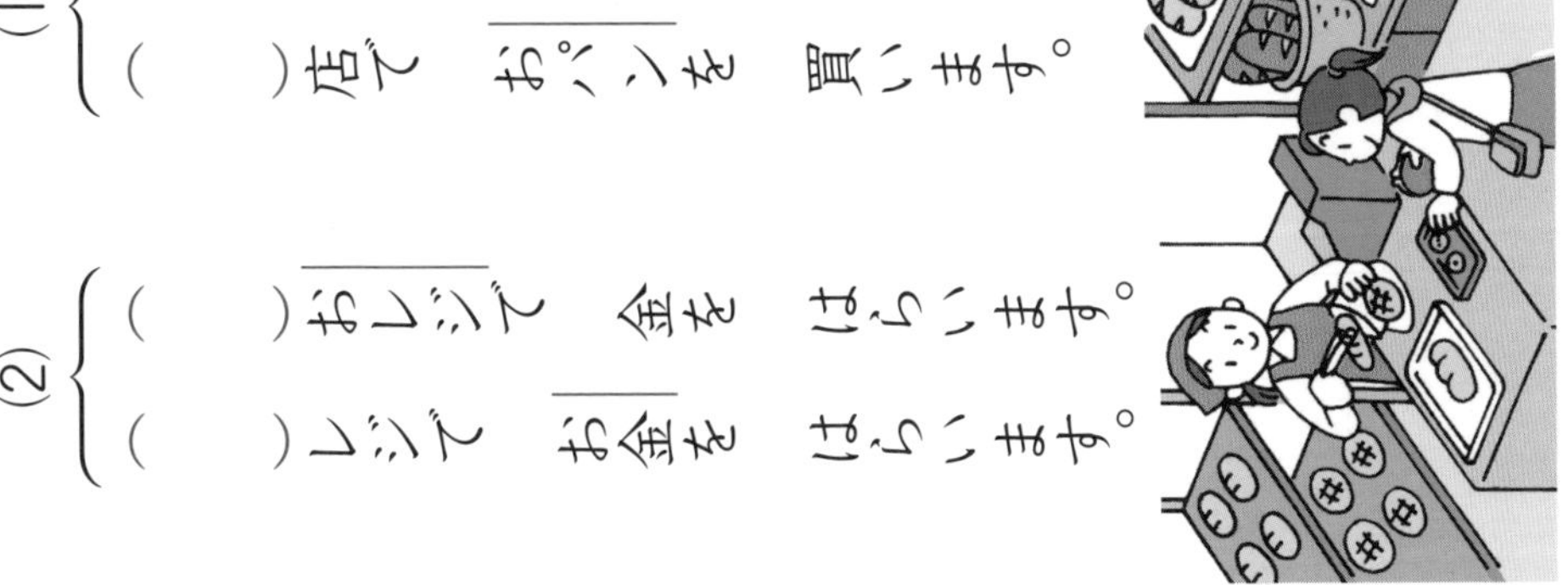

(3)
(　)つりを　もらって、ごポケットに　入れる。
(　)おつりを　もらって、ポケットに　入れる。

(4)
(　)みんなで　ご飯を　食べました。
(　)おみんなで　飯を　食べました。

(5)
(　)お日曜日は、母が　ちそうを　作りました。
(　)日曜日は、母が　ごちそうを　作りました。

(1)～(3)の「パン」や「レジ」、「ポケット」などの外来語には、ふつう、「お」や「ご」は付けません。

4 ていねい語 「お」「ご」を付けた言い方 ②

1 （　）に「お」か「ご」を書いて、ていねい語を作りましょう。

（(1)は4点、他は一つ6点）

(1) （お）店で　パンを　買いました。

(2) おいしい（　）飯（はん）を　食べました。

(3) 母が　花びんに（　）花を　生けました。

(4) 先生が　昔の（　）本を　読んで　くださる。

(5) おじが　外国の（　）みやげを　くれました。

(6) おなかが　すいたので、（　）かしを　食べました。

(7) 歌の（　）ほうびに　あめを　もらいました。

(8) 誕生日（たんじょうび）に　母が（　）ちそうを　作りました。

2 ——の言葉を、「お」か「ご」の付く ていねい語に書きかえましょう。（一つ６点）

(1) 米と 砂糖(さとう)を 買いました。

お米

(2) 店で つりを もらいました。

(3) 父は、酒を 飲みながら 料理を 食べました。

(4) 遠足の 日、母が 弁当を 作って くれました。

(5) お使いに 行った ほうびに、かしを もらいました。

ふつう、和語（訓で読む言葉）には「お」、漢語（音で読む言葉）には「ご」を付けますが、(1)「砂糖(さとう)」、(3)「料理」、(4)「弁当」のように、ていねい語は漢語でも「お」を付ける言葉が多くあります。

5 ていねい語「です」

1 次の文章を読んで、後の問題に答えましょう。（一つ10点）

ていねい語には、文の終わりに「です」を使う言い方があります。

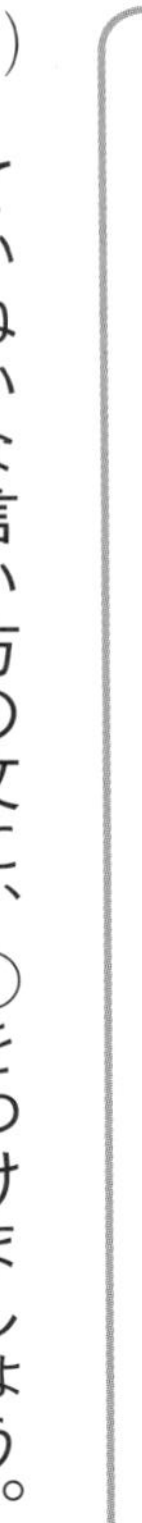

(1) ていねいな言い方の文に、○をつけましょう。

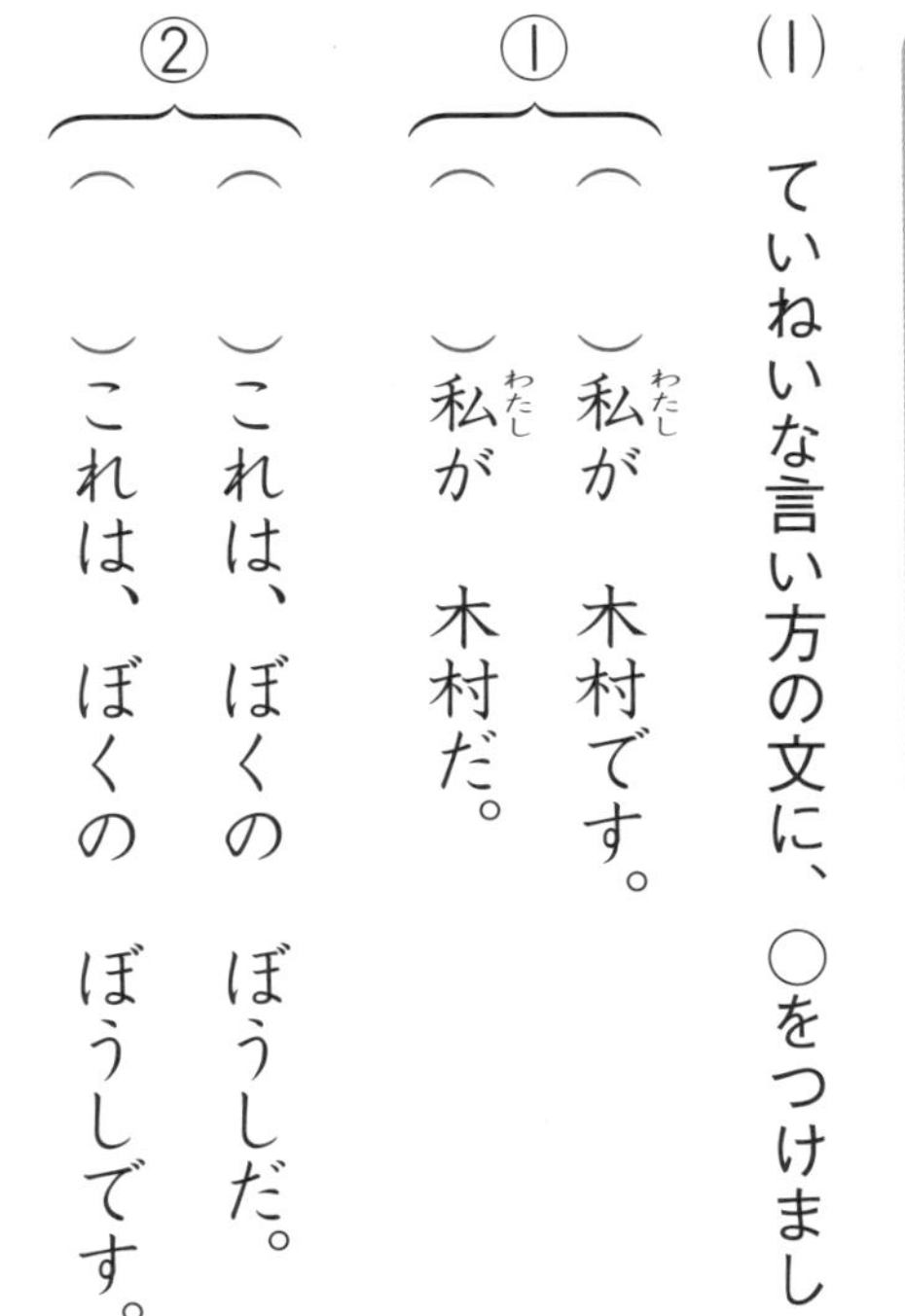

①
（　　）私（わたし）が　木村です。
（　　）私（わたし）が　木村だ。

②
（　　）これは、ぼくの　ぼうしだ。
（　　）これは、ぼくの　ぼうしです。

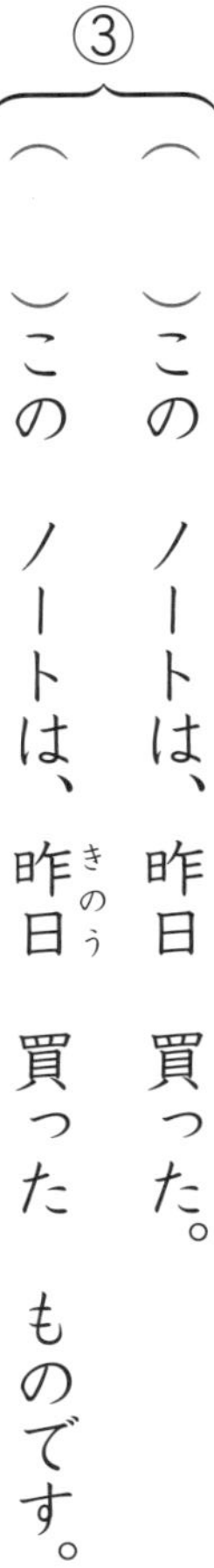

③
（　　）この　ノートは、昨日　買った。
（　　）この　ノートは、昨日（きのう）　買った　ものです。

2 ――の言葉に「です」を付けて、ていねいな言い方に書きかえましょう。（一つ10点）

(1) これは、ぼくの　本だ。

本です

(2) この　写真は、私（わたし）の　姉だ。

(3) 木が　生えて　いる　辺りが　公園だ。

(4) この　ボールは、父が　買って　くれた　ものだ。

(5) この　セーターは　羊毛だ。

(6) 午後から　博物館に　行く　予定だ。

(7) 学校の　グラウンドの　横に　あるのが　プールだ。

6 ていねい語「ます」

1 次の文章を読んで、後の問題に答えましょう。（一つ10点）

ていねい語には、文の終わりに「ます」を使う言い方があります。

(1) ていねいな言い方の文に、◯をつけましょう。

① （　）毎朝　七時に　起きる。
（　）毎朝　七時に　起きます。

② （　）学校の　プールで　泳ぐ。
（　）学校の　プールで　泳ぎます。

③ （　）友人と　いっしょに　帰る。
（　）友人と　いっしょに　帰ります。

2 ――の言葉に「ます」を付けて、ていねいな言い方に書きかえましょう。（一つ10点）

⑴ ゴールまで　思いきり　走る。

走ります

⑵ 昼休みに　グラウンドで　遊ぶ。

⑶ みんなが　大きな　声で　笑う。

⑷ 図書館で　本を　二冊（さつ）　借りる。

⑸ たいこを　ドンドン　たたく。

⑹ 兄は、夜　おそくまで　勉強する。

⑺ 明日（あす）　晴れたら、運動会が　ある。

ていねい語――まとめ

1 ――のていねい語の使い方が正しい文を五つ選んで、○をつけましょう。（一つ6点）

ア（　）先生の　机(つくえ)に　お花を　かざりました。

イ（　）毎朝、家族　いっしょに　お飯を　食べます。

ウ（　）旅行先で　ごみやげを　買う。

エ（　）旅館の　ごちそうは、とても　おいしかった。

オ（　）私(わたし)の　名前は　山本めぐみです。

カ（　）ぼくの　名前は、池田あきらと　いいです。

キ（　）父は、七時ごろ　家に　帰って　きます。

ク（　）父が　好きな　本は　歴史小説ます。

ケ（　）公園の　中に　噴水(ふんすい)が　あります。

コ（　）試合中に　転んだので、ユニホームが　よごれたです。

2 ――の言葉を、正しいていねい語に書きかえましょう。（一つ10点）

(1) 弟と いっしょに ふろに 入った。

おふろ

(2) 命令に 従(したが)った 犬に ほうびを やる。

(3) 親せきの 人から みやげを もらう。

(4) この 洋服は、昨日(きのう) デパートで 買った ものだ。

(5) 雨が 降(ふ)って きたので、父を むかえに 行く。

(6) 向こうで 手を ふって いるのが、担任(たんにん)の 先生だ。

(7) 二重とびが 何回も とべるように 練習する。

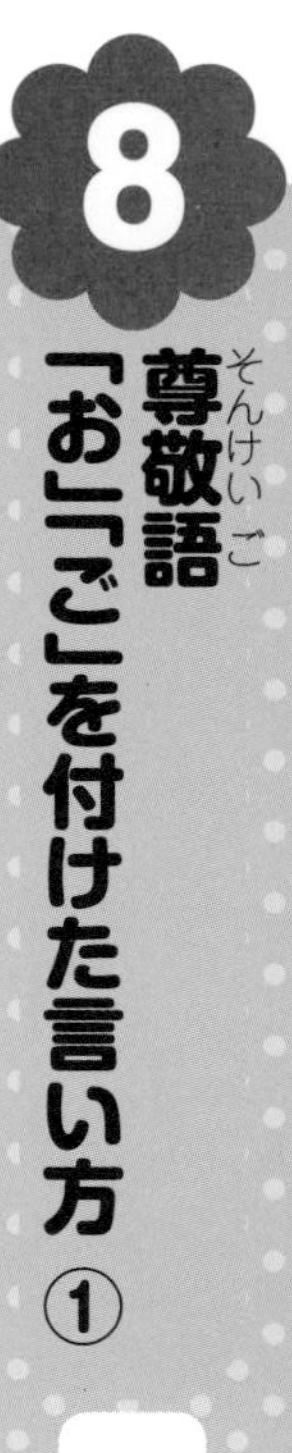

8 尊敬語(そんけいご)「お」「ご」を付けた言い方 ①

月　日　点

1 次の文章を読みましょう。（読んで20点）

話し相手や話題になっている人を敬(うやま)うとき、相手や話題の人に関わるものに「お」や「ご」を付ける**尊敬語**(そんけいご)があります。

「お名前」や「ご説明」という尊敬語(そんけいご)を使うことで、相手を敬(うやま)っています。

●「お」を付ける尊敬語(そんけいご)

・お話・お考え・お荷物・お住まい

・お電話・お時間・お出かけ・お申しこみ

●「ご」を付ける尊敬語(そんけいご)

・ご予定・ご説明・ご自宅(じたく)・ご参加

・ご都合・ご住所・ご旅行・ご乗車

2 「お」や「ご」を付けた尊敬語の使い方が正しい文に、○をつけましょう。

（一つ16点）

(1)
（　　）お先生の　考えを　うかがう。
（　　）先生の　お考えを　うかがう。

(2)
（　　）先生の　ご週末の　予定を　たずねる。
（　　）先生の　週末の　ご予定を　たずねる。

(3)
（　　）先生の　お荷物を　学校まで　運ぶ。
（　　）先生の　荷物を　お学校まで　運ぶ。

(4)
（　　）お入り口で　お客様の　名前を　書いて　もらう。
（　　）入り口で　お客様の　お名前を　書いて　もらう。

(5)
（　　）先生の　ご説明で　内容が　理解できた。
（　　）先生の　説明で　ご内容が　理解できた。

――の言葉が、先生やお客様などの動作や様子を表すときには、尊敬語を使うよ。

9 尊敬語（そんけいご）「お」「ご」を付けた言い方 ②

月　日　　点

1 （　）に「お」か「ご」を書いて、尊敬語（そんけいご）を作りましょう。（一つ5点）

(1) 先生の（お）話は、とても　おもしろい。

(2) 先生の（　）住まいは、この　近くですか。

(3) 先生の（　）自宅（じたく）まで　うかがいます。

(4) 先生にも　会に（　）参加いただいた。

(5) 夕方、先生からの（　）電話が　ある。

(6) 先生の（　）説明で　よく　理解できました。

(7) 先生の（　）時間を　少し　いただきます。

(8) 休日の　先生の（　）都合を　うかがう。

2 ——の言葉に「お」か「ご」を付けて、尊敬語（そんけいご）に書きかえましょう。（一つ10点）

(1) 先生からの 手紙を 読みました。

お手紙

(2) 先生の 説明は、たいへん わかりやすい。

(3) 先生の 考えを 教えて もらった。

(4) 朝、先生から 電話を いただいた。

(5) 休日、先生の 自宅（じたく）に 遊びに 行くので、

先生の 都合を たずねる。

10 尊敬語「れる」

1 次の文章を読んで、後の問題に答えましょう。（一つ10点）

尊敬語には、「れる」「られる」を使う言い方があります。

(1) 「れる」を使った尊敬語に、――を引きましょう。

① 先生が　黒板に　言葉を　書かれる。

② 先生が　遠足の　注意を　言われる。

③ 先生が　大きな　荷物を　持たれる。

④ 先生が　友達の　名前を　呼ばれる。

2 ――の言葉を、「れる」を使った尊敬語に書きかえましょう。（一つ10点）

(1) お客様が　職員室へ　行く。　行かれる

(2) お客様が　用紙に　名前を　書く。

(3) お客様が　小さな　声で　呼ぶ。

(4) お客様が　黒い　かばんを　持つ。

(5) お客様が　あいさつの　言葉を　言う。

(6) お客様が　学校の　パンフレットを　読む。

(1)の「行く」に「れる」を付けるとき、「行かれる」と形を変えるよ。

11 尊敬語（そんけいご）「られる」

1 「られる」を使った尊敬語（そんけいご）に、——を引きましょう。

（(1)は5点、他は一つ7点）

(1) 先生は　質問に　答えられる。

(2) 先生は　小鳥の　命を　助けられる。

(3) 先生が　理科の　実験の　やり方を　教えられる。

(4) 先生が　対戦する　チームを　決められる。

(5) 先生は　ドアを　ゆっくりと　開けられる。

(6) 先生が、「がんばれ」と　声を　かけられる。

どの文も、文末に
「…られる」という言い方を使って、
先生を敬（うやま）っているよ。

2 ——の言葉を、「られる」を使った尊敬語(そんけいご)に書きかえましょう。（一つ10点）

(1) 校長先生が　静かに　<u>答える</u>。

答えられる

(2) 校長先生が　チームの　名前を　<u>決める</u>。

(3) 校長先生が　部屋(へや)の　かぎを　<u>かける</u>。

(4) 校長先生は　部屋(へや)の　窓(まど)を　<u>開ける</u>。

(5) 校長先生が　毛筆の　書き方を　<u>教える</u>。

(6) 校長先生が　小さい　子どもを　<u>助ける</u>。

12 尊敬語「れる」「られる」

1 「れる」「られる」を使った尊敬語の使い方が正しい文に、○をつけましょう。（一つ8点）

(1)
- （　　）弟が　公園に　行かれる。
- （　　）先生が　中庭に　行かれる。

(2)
- （　　）姉が　弟に　絵本を　読まれる。
- （　　）先生が　おもしろい　本を　読まれる。

(3)
- （　　）先生が　ぼくの　名前を　呼ばれる。
- （　　）父が　私の　名前を　呼ばれる。

(4)
- （　　）先生が　箱の　ふたを　開けられる。
- （　　）母が　なべの　ふたを　開けられる。

(5)
- （　　）道で　友達に　声を　かけられる。
- （　　）先生が、「おはよう」と　声を　かけられる。

父母、兄弟、姉妹などの身内や友達には、尊敬語を使わないよ。

2 ――の言葉を、「れる」か「られる」を使った尊敬語（そんけいご）に書きかえましょう。（一つ10点）

(1) 先生が　黒板に　言葉を　書く。

(2) 先生が　片手（かたて）で　ボールを　持つ。

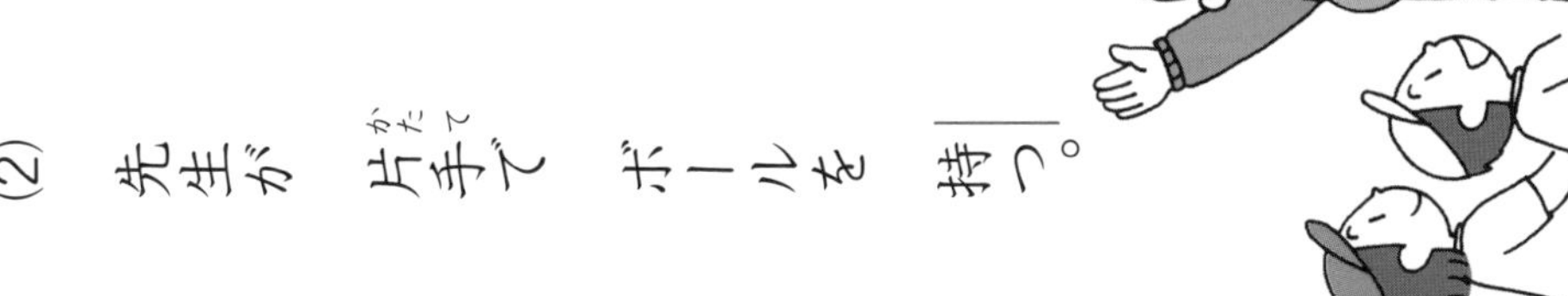

(3) 先生が　参加者の　人数を　数える。

(4) 先生が　集まる　場所を　決める。

(5) 先生が　クラスの　みんなに　言う。

(6) 先生が　子犬の　命を　助ける。

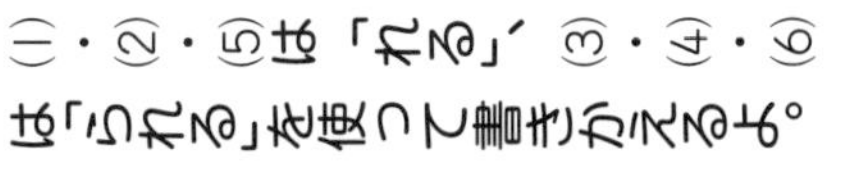

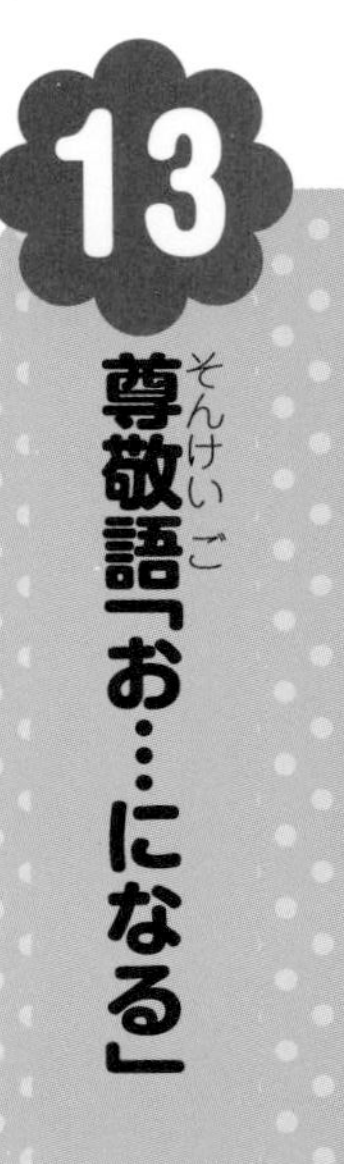

13 尊敬語「お…になる」

月　日　点

1 次の文章を読んで、後の問題に答えましょう。（一つ10点）

尊敬語には、動きを表す言葉を、「お…になる」「ご…になる」の形に変えて、相手の動作を高める言い方があります。

先生がお話しになる。

先生がご乗車になる。

「話す」→「お話しになる」のように、動きを表す言葉を変えて、相手の動作を高めます。

(1) 「お…になる」という形の尊敬語に、——を引きましょう。

① 先生が　遠足の　プリントを　お配りになる。

② 先生が　国語の　教科書を　お読みになる。

③ 授業が　終わったので、先生が　お帰りになる。

2 ——の言葉を、「お…になる」という形の尊敬語に書きかえましょう。（(1)は10点、他は一つ12点）

(1) お客様が 父の 話を 聞く。 お聞きになる

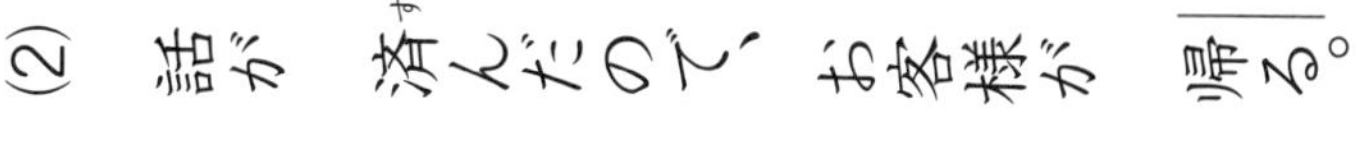

(2) 話が 済んだので、お客様が 帰る。

(3) お客様が 旅行の パンフレットを 読む。

(4) 出欠を とる ため、先生が 呼ぶ。

(5) 先生が みんなの 前で 話す。

(6) お客様が 子どもたちに プレゼントを 配る。

(5)の「話す」は動きを表す言葉（動詞）だから、「話し」のように送りがなが必要だよ。

14 尊敬語「ご…になる」

1 「ご…になる」という形の尊敬語に、——を引きましょう。

（(1)は5点、他は1つ7点）

(1) 先生が　委員会に　ご参加になる。

(2) 先生が　二組の　バスに　ご乗車になる。

(3) 先生が　古い　カメラを　ご使用になる。

(4) 先生が　遠足の　内容を　ご説明になる。

(5) 先生は　学校まで　バスを　ご利用になる。

(6) 先生が　テレビや　ラジオで　ご活やくになる。

漢語（音読みの熟語）は、
(1)「ご参加」のように、「ご」を使うよ。

2 ——の言葉を、「ご…になる」という形の尊敬語(そんけいご)に書きかえましょう。（一つ10点）

(1) たくさんの　お客様が　電車に　乗車する。

ご乗車になる

(2) 市長が　パレードに　参加する。

(3) 市民の　皆様(みなさま)が　図書館を　利用する。

(4) お客様が　エスカレーターを　使用する。

(5) 旅行業者の　かたが　旅行の　日程を　説明する。

(6) 地元出身の　芸能人が　活やくする。

「ご…になる」を使うと、主体となる人を敬(うやま)う言い方になるよ。

15 尊敬語「お…になる」「ご…になる」

1 「お…になる」「ご…になる」という形の尊敬語の使い方が正しい文に、○をつけましょう。（一つ8点）

(1)
（　）先生が　教室の　前で　お話しになる。
（　）妹が　みんなの　前で　お話しになる。

(2)
（　）先生が　おもしろい　本を　お読みになる。
（　）姉が　新刊の　雑誌を　お読みになる。

(3)
（　）先生が　クラス会に　ご参加になる。
（　）弟が　つりの　大会に　ご参加になる。

(4)
（　）兄が　市の　体育館を　ご利用になる。
（　）お客様が　エレベーターを　ご利用になる。

(5)
（　）友達が　ラケットを　ご使用になる。
（　）先生が　パソコンを　ご使用になる。

父母、兄弟、姉妹などの身内や友達には、尊敬語を使わないよ。

2 ——の言葉を、「お…になる」「ご…になる」という形の尊敬語に書きかえましょう。 （一つ10点）

(1) 老人会の　人たちが　パンフレットを　配る。

(2) 通勤の　お客様が　ホームで　駅員を　呼ぶ。

(3) 発車の　ベルが　鳴ると、お客様が　乗車する。

(4) 見学が　済むと、観光客の　かたが　帰る。

(5) 先生が　算数の　解き方を　説明する。

(6) 日本の　サッカー選手が　海外で　活やくする。

16 尊敬語「特別な言葉」①

1 次の文章を読んで、特別な言葉の尊敬語を覚えましょう。（読んで16点）

特別な言葉を使う尊敬語があります。

先生が**いらっしゃる**。（来る）

先生が**おっしゃる**。（言う）

お客様がおみやげを**くださる**。（くれる）

お客様がおかしを**めし上がる**。（食べる）

この他にも、次のような言葉があります。

- 先生が　運転を　**なさる**。（する）
- 先生は　私の　兄を　**ご存じだ**。（知っている）
- 先生が　作品を　**ご覧になる**。（見る）
- 先生が　学校から　駅へ　**いらっしゃる**。（行く）
- 先生は　ずっと　教室に　**いらっしゃる**。（いる）

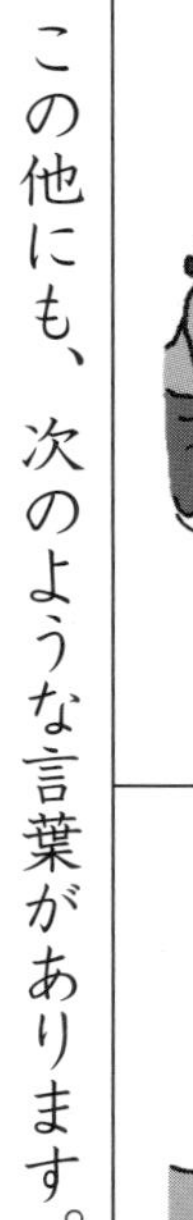

2 ——の言葉の意味に合うほうを、〇で囲みましょう。（一つ12点）

(1) 先生が ケーキを めし上がる。 {食べる（〇） / 作る}

(2) 先生が 折り紙を くださる。 {配る / くれる}

(3) 先生の おっしゃる {言う / する} とおりだ。

(4) 先生が 本の 片づけを なさる。 {始める / する}

(5) 先生は 私の 父を ご存じだ。 {待っている / 知っている}

(6) 先生が 校庭に いらっしゃる。 {いる / 言う}

(7) 先生が 教室に いらっしゃる。 {入る / 来る}

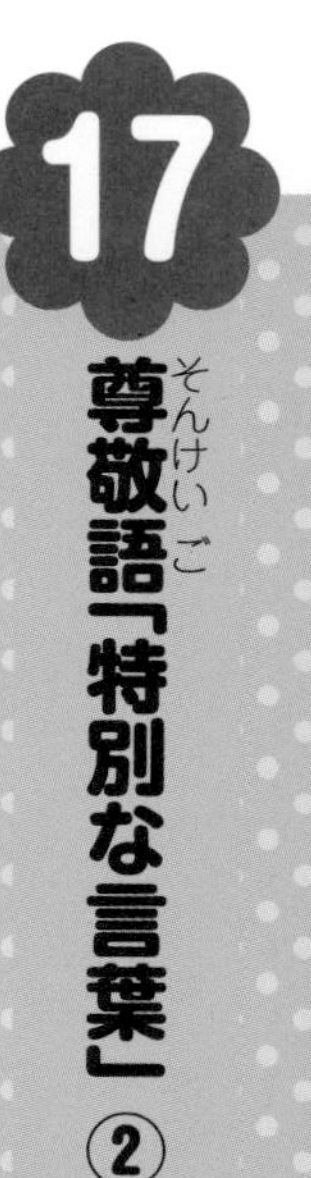

17 尊敬語「特別な言葉」②

月　日　点

1 ――の言葉に合う、特別な言葉の尊敬語を選んで、○をつけましょう。（一つ10点）

(1) お客様が　おみやげに　おかしを　くれる。

（　）くつろぐ
（　）くださる

(2) お客様が　おいしそうに　料理を　食べる。

（　）めがける
（　）めし上がる

(3) お客様が　うれしそうに　言う。

（　）おとずれる
（　）おっしゃる

(4) お客様が　もうじき　家に　来る。

（　）いらっしゃる
（　）いりまじる

2 ——の言葉を、ふつうの言い方の言葉に書きかえましょう。（一つ10点）

(1) 父が　小づかいを　くださる。

(2) 兄が　ハンバーグを　めし上がる。

(3) 母が　庭の　そうじを　なさる。

(4) 姉は　私（わたし）の　秘密（ひみつ）を　ご存（ぞん）じだ。

知っている

(5) 弟が、「おはよう」と　おっしゃる。

(6) 妹が　さっきから　ふろ場に　いらっしゃる。

18 尊敬語「特別な言葉」③

1 次の文の「いらっしゃる」の意味を、［　］から選んで書きましょう。（一つ8点）

(1) 先生が いすに こしかけて いらっしゃる。
（　　　　）

(2) 先生が 向こうへ いらっしゃる。
（　　　　）

(3) 先生が こちらへ いらっしゃる。
（　　　　）

(4) 先生は 和室に すわって いらっしゃる。
（　　　　）

(5) 先生が 私の ところに いらっしゃって、本を 貸して くださった。
（　　　　）

いる・来る・行く

2 ――の言葉を、特別な言葉の尊敬語に書きかえましょう。（一つ10点）

(1) お客様が　旅館の　食事を　食べる。

(2) お客様が、「おいしい」と　言う。

(3) 先生は　医学の　研究を　する。

(4) お客様が　商品の　価格を　知っている。

ご存じだ

(5) 明日、先生が　家に　来る。

(6) 先生が　写真を　プリントして　くれる。

特別な言葉の尊敬語には、「いらっしゃる・くださる・おっしゃる・めし上がる・なさる・ご存じだ」などがあるよ。

19 尊敬語——まとめ ①

月　日　点

1 次の表の空いている□にあてはまる尊敬語を書きましょう。（一つ5点）

言葉	「れる」「られる」	「お…になる」	特別な言葉
言う	言われる		おっしゃる
行く	(1)		(2)
会う	(3)	(4)	お目にかかる
食べる	食べられる	お食べになる	(5)
くれる			(6)
知る（知っている）	知られる	お知りになる	(7)
する	される		(8)

上の段は「れる」「られる」の形に、中央の段は「お…になる」の形に変えるよ。

2 ——の言葉を、「れる」「られる」を使った尊敬語に書きかえましょう。（一つ10点）

(1) 先生が　国語の　教科書を　読む。

(2) お医者様が　子ねこの　命を　助ける。

(3) 先生が　大きな　声で　呼ぶ。

(4) お客様が　おかしの　ふくろを　開ける。

(5) 先生が　ぼくに　声を　かける。

(6) 観光客の　かたが　大きな　かばんを　持つ。

(1)の「読む」に「れる」を付けるとき、「読まれる」と形を変えるよ。

20 尊敬語——まとめ ②

1 ——の言葉を、「お（ご）…になる」という形の尊敬語に書きかえましょう。（一つ5点）

(1) 先生が　私の　作文を　読む。

(2) 地元の　代表選手が　試合で　活やくする。

(3) 先生が　若い　ころの　出来事を　話す。

(4) 市長が　市民マラソンに　参加する。

(5) 政治家の　演説を　多くの　かたが　聞く。

(6) 先生が　海で　水中眼鏡を　使用する。

2 ——の言葉を、特別な言葉の尊敬語に書きかえましょう。（一つ10点）

(1) 先生が　私の　方に　来る。

(2) 先生が　画用紙を　くれる。

(3) お客様が　おいしそうに　ケーキを　食べる。

(4) 校長先生が　代表選手の　応援を　する。

(5) 先生は　私の　姉を　知っている。

(6) お客様が、「おいしい」と　言う。

(7) 校長先生は　校長室に　いる。

21 けんじょう語「お…する」「ご…する」①

1 次の文章を読みましょう。（読んで16点）

自分や身内の者をけんそんして言うことで、相手や話題になっている人に敬意（けいい）を表します。このような言葉を「**けんじょう語**」と言います。

けんじょう語には、「**お…する**」「**ご…する**」という言い方があります。自分や自分の身内のする動作に使って、相手を敬（うやま）います。

お客様をおむかえする。

お客様にご説明する。

尊敬語（そんけいご）の「お…になる」「ご…になる」とまちがえやすいので、使い方をしっかり覚えましょう。

2 「お…する」「ご…する」という形のけんじょう語に、――を引きましょう。（一つ12点）

(1) 放課後、先生に　お話しする。

(2) 駅までの　道順を　お教えする。

(3) 校長先生の　お話を　お聞きする。

(4) お客様を　応接室に　ご案内する。

(5) 不明点を　先生に　ご質問する。

(6) お客様を　げん関先で　お見送りする。

(7) 委員会の　様子を　先生に　ご報告する。

「話す」「教える」などの和語は「お…する」、「案内」「質問」などの漢語は「ご…する」というけんじょう語になるよ。

22 けんじょう語「お…する」「ご…する」②

1 「お…する」「ご…する」のけんじょう語の使い方が正しい文に、○をつけましょう。（一つ8点）

(1)
（　）げん関先で　弟を　おむかえする。
（　）げん関先で　お客様を　おむかえする。

(2)
（　）店員が　お客様に　ご説明する。
（　）先生が　生徒に　ご説明する。

(3)
（　）先生と　お会いする　日にちを　決める。
（　）友人と　お会いする　日にちを　決める。

(4)
（　）教室で　友人を　お待ちする。
（　）教室で　先生を　お待ちする。

(5)
（　）夕方、母が　姉に　ご連絡（れんらく）する。
（　）朝、母が　先生に　ご連絡（れんらく）する。

けんじょう語は、自分や自分の身内がする動作に使って、相手を敬（うやま）う言い方だよ。

2 ——の言葉を、「お…する」か「ご…する」という形のけんじょう語に書きかえましょう。（一つ10点）

(1) 先生に　海外旅行の　話を　聞く。　お聞きする

(2) お客様を　部屋に　案内する。　ご案内する

(3) 先生と　会う　日時を　決める。

(4) 校門で　お客様を　待つ。

(5) 商品の　使い方を　お客様に　説明する。

(6) クラス会の　決定を　先生に　報告する。

尊敬語の(1)「お聞きになる」や(5)「ご説明になる」とまちがえないようにしよう！

23 けんじょう語「特別な言葉」①

1 次の文章を読んで、特別な言葉のけんじょう語を覚えましょう。（読んで16点）

特別な言葉を使うけんじょう語があります。

先生の家に**うかがう**。（行く・訪問(ほうもん)する）

小林と**申し**ます。（言う）

ケーキを**いただく**。（食べる）

夏休みに祖父の家に**参り**ます。（行く）

この他にも、次のような言葉があります。

- 委員長が　発表を　**いたし**ます。（する）
- 先生の　手紙を　**拝見(はいけん)する**。（見る）
- 工場で　パンの　作り方を　**うかがう**。（聞く）
- 先生から　おみやげを　**いただく**。（もらう）

2 ――の言葉の意味に合うほうを、◯で囲みましょう。（一つ12点）

(1) 相手の　名前を　<u>うかがう</u>。 ｛ たずねる ・ 調べる ｝

(2) おいしい　ケーキを　<u>いただく</u>。 ｛ あげる ・ 食べる ｝

(3) 私(わたし)は　山田と　<u>申し</u>ます。 ｛ 言う ・ 行く ｝

(4) 明日(あす)は、父の　会社に　<u>参り</u>ます。 ｛ 行く ・ 通う ｝

(5) 兄が　案内を　<u>いたし</u>ます。 ｛ 使う ・ する ｝

(6) 先生から　写真を　<u>いただく</u>。 ｛ 食べる ・ もらう ｝

(7) 先生の　絵を　<u>拝見(はいけん)する</u>。 ｛ もらう ・ 見る ｝

24 けんじょう語「特別な言葉」②

月　日　点

1 ――の言葉を、ふつうの言い方の言葉に書きかえましょう。（一つ10点）

(1) 妹から　小さい　ぬいぐるみを　いただく。

(2) 今日（きょう）、友達（ともだち）の　家に　うかがう。

(3) 友達（ともだち）に　家の　電話番号を　申し上げる。

(4) 弟の　かいた　絵を　拝見（はいけん）する。

(5) 姉から　小さい　ころの　話を　うかがう。

2 ――の言葉に合う、特別な言葉のけんじょう語を選んで、○をつけましょう。（一つ10点）

(1) 明日（あす）、先生の　ご自宅（じたく）に　行く。

（　）うかがう
（　）行かれる

(2) ぼくは　田中つとむと　言います。

（　）おっしゃる
（　）申します

(3) 明日（あす）の　三時に　母が　来ます。

（○）参ります
（　）いらっしゃる

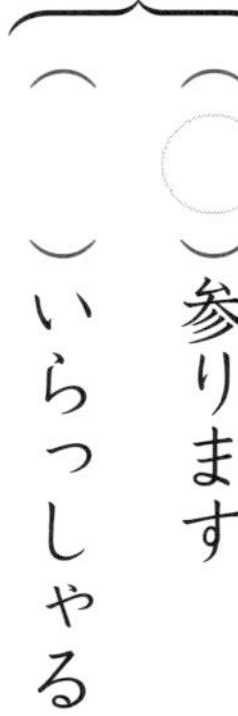

(4) 先生からの　手紙を　見る。

（　）見学する
（　）拝見（はいけん）する

(5) 先生から　社会科の　資料を　もらう。

（　）くださる
（　）いただく

25 けんじょう語——まとめ

1 次の表の空いている□にあてはまる、けんじょう語を書きましょう。（一つ5点）

言葉	「お…する」	特別な言葉
会う	(1)	
聞く	(2)	うかがう
する		(3)
行く		(4)
言う		(5)
もらう		(6)
来る		(7)
見る		(8)

2 ――の言葉を、特別な言葉のけんじょう語に書きかえましょう。（一つ10点）

(1) 先生から　はがきを　もらう。

(2) 休日に　先生の　お宅（たく）に　行く。

(3) 父からの　伝言を　先生に　言う。

(4) 先生の　若（わか）い　ころの　お話を　聞く。

(5) 休日の　朝は、父と　ジョギングを　します。

(6) 先生から　いただいた　資料を　見る。

けんじょう語は、自分や身内を
けんそんして言うときに使うよ。

26 敬語の使い方 ①

1 ──の敬語の種類を[ ]から選んで、記号を書きましょう。（一つ5点）

(1) 昼休みに　先生に　お話しする。……（　）

(2) ぼくの　父は　会社員です。……（　）

(3) 校長先生が　教室に　いらっしゃる。……（　）

(4) 放課後、先生の　ところに　うかがう。……（　）

(5) 母は　店で　お花を　買いました。……（　）

(6) 朝、校長先生の　お話を　聞きました。……（　）

(7) 先生が　プリントを　お配りになる。……（　）

(8) 先生から　歴史の　資料を　いただく。……（　）

ア ていねい語　イ 尊敬語　ウ けんじょう語

次の表の空いている□にあてはまる、尊敬語（そんけいご）とけんじょう語の特別な言葉を書きましょう。（一つ6点）

言葉	尊敬語（そんけいご）の特別な言葉	けんじょう語の特別な言葉
行く	(1)	うかがう 参る
言う	(2)	(3)
食べる	(4)	いただく
来る	いらっしゃる	(5)
する	(6)	(7)
くれる	(8)	
もらう		(9)
見る	ご覧（らん）になる	(10)

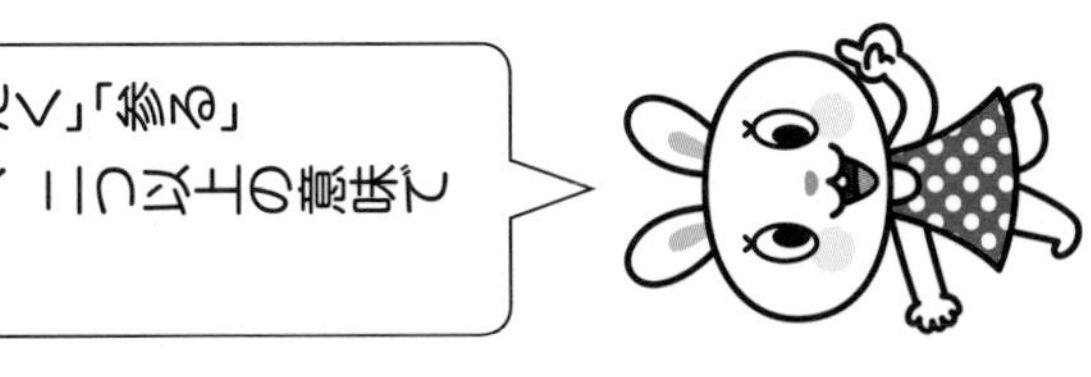

27 敬語の使い方 ②

月　日　点

1 ──の敬語の使い方が正しい文に○を、まちがっている文に×をつけましょう。（一つ6点）

(1)（　）先生が　理科室に　いらっしゃる。

(2)（　）姉が　お客様を　部屋に　ご案内になる。

(3)（　）先生の　おっしゃる　とおりだった。

(4)（　）私たちは　先生の　お話を　お聞きする。

(5)（　）先生が　試合に　ご参加する。

(6)（　）先生が　作品の　展示を　なさる。

(7)（　）弟が、「がんばれ」と　声を　かけられる。

(8)（　）先生が　会場の　後片づけを　いたします。

(9)（　）お客様が　料理を　めし上がる。

(10)（　）明日、我が家に　お客様が　参ります。

尊敬語は、先生や目上の人や親しくない人、大勢に対して、話したり書いたりするときに使うよ。自分や身内、友達には使わないよ。

2 ――の言葉を、ていねい語を使って書きかえましょう。（一つ5点）

〈例〉 赤い花だ。（花です）　本を買う。（買います）

(1) これは　熱い　お茶だ。……（　　　）

(2) 朝、町内を　走る。………（　　　）

(3) 今日(きょう)は　静かな　夜だ。…（　　　）

(4) 部屋(へや)で　妹と　遊ぶ。……（　　　）

3 ――の言葉を、「お…する」という形のけんじょう語に書きかえましょう。（一つ5点）

(1) 先生の　注意を　聞く。…（　　　）

(2) 朝、先生に　話す。………（　　　）

(3) 休日、先生と　会う。……（　　　）

(4) お客様を　げん関で　むかえる。

（　　　）

28 敬語の使い方 ③

1 ――の言葉を、「れる」「られる」を使った尊敬語に書きかえましょう。（一つ5点）

(1) 先生が　字を　書く。……（　　　　）

(2) 先生が　犬を　助ける。…（　　　　）

(3) 先生が　庭へ　行く。……（　　　　）

(4) 先生が　声を　かける。…（　　　　）

2 ――の言葉を、「お…になる」という形の尊敬語に書きかえましょう。（一つ5点）

(1) 先生が　本を　読む。……（　　　　）

(2) 先生が　話を　聞く。……（　　　　）

(3) 先生が　紙を　配る。……（　　　　）

(4) 先生が　家に　帰る。……（　　　　）

3 ――は、敬語の使い方がまちがっています。［　］から正しい敬語を選んで書きましょう。（一つ12点）

(1) 先生が　映画の　パンフレットを　くれる。
（　　　　）

(2) 校長先生が　こちらに　参る。
（　　　　）

(3) 私は　先生からの　はがきを　見る。
（　　　　）

(4) ぼくたちは　店で　昼食を　めし上がる。
（　　　　）

(5) 先生が　旅先での　注意事項を　申し上げる。
（　　　　）

いただく・いらっしゃる・おっしゃる
くださる・うかがう・拝見する

答え

●言葉や文を書く問題では、全部書けて、一つの正解です。
●(　)は、他の答え方です。

1 敬語を使うとき　1・2ページ

1 どのようなときに敬語を使うのかを覚えましょう。

2
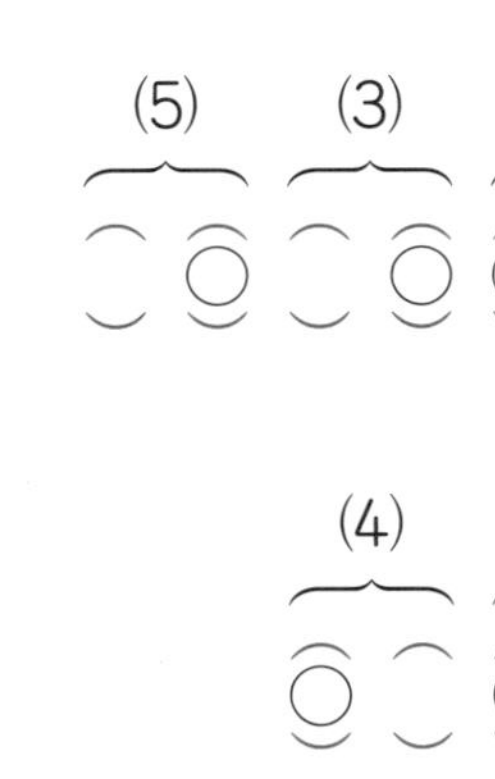
(1) (　) (◎)
(2) (　) (◎)
(3) (◎) (　)
(4) (　) (◎)
(5) (◎) (　)

2 敬語の種類　3・4ページ

1 敬語の三つの種類を覚えましょう。

2 (1) て　(2) そ
(3) け　(4) て
(5) そ　(6) け
(7) て　(8) そ

※(2)の「お」は、目上の人(先生)の話に付けたもので、(3)の「お」は、目上の人(先生)へあてた自分の手紙に付けたものです。

3 ていねい語 「お」「ご」を付けた言い方 ①　5・6ページ

1 (1) ア・イ・オ・ク

2
(1) (◎) (　)
(2) (　) (◎)
(3) (　) (◎)
(4) (◎) (　)
(5) (　) (◎)

4 ていねい語 「お」「ご」を付けた言い方 ②　7・8ページ

1 (1) お　(2) ご
(3) お　(4) ご
(5) お　(6) お
(7) ご　(8) ご

2 (1) お米・お砂糖
(2) お店・おつり
(3) お酒・お料理
(4) お弁当
(5) ごほうび・おかし

5 ていねい語「です」 9・10ページ

1 (1) ① (◎) ( )　② ( ) (◎)　③ ( ) (◎)

2 (1) 本です
(2) 姉です
(3) 公園です
(4) ものです
(5) 羊毛です
(6) 予定です
(7) プールです

6 ていねい語「ます」 11・12ページ

1 (1) ① ( ) (◎)　② ( ) (◎)　③ ( ) (◎)

2 (1) 走ります
(2) 遊びます
(3) 笑います
(4) 借ります
(5) たたきます
(6) 勉強します
(7) あります

7 ていねい語――まとめ 13・14ページ

1 ア・エ・オ・キ・ケ

2 (1) おふろ
(2) ごほうび
(3) おみやげ
(4) ものです
(5) 行きます
(6) 先生です
(7) 練習します

8 尊敬語「お」「ご」を付けた言い方① 15・16ページ

1 「お」や「ご」を付ける尊敬語を覚えましょう。

2 (1) ( ) (◎)　(2) ( ) (◎)　(3) (◎) ( )　(4) ( ) (◎)　(5) (◎) ( )

9 尊敬語「お」「ご」を付けた言い方②　17・18ページ

1
(1)お　(2)お
(3)ご　(4)ご
(5)お　(6)ご
(7)お　(8)ご

2
(1)お手紙
(2)ご説明
(3)お考え
(4)お電話
(5)ご自宅・ご都合

10 尊敬語「れる」　19・20ページ

1
(1)①書かれる
②言われる
③持たれる
④呼ばれる

2
(1)行かれる
(2)書かれる
(3)呼ばれる
(4)持たれる
(5)言われる
(6)読まれる

11 尊敬語「られる」　21・22ページ

1
(1)答えられる
(2)助けられる
(3)教えられる
(4)決められる
(5)開けられる
(6)かけられる

2
(1)答えられる
(2)決められる
(3)かけられる
(4)開けられる
(5)教えられる
(6)助けられる

12 尊敬語「れる」「られる」　23・24ページ

1
(1)（　）（◯）
(2)（　）（◯）
(3)（◯）（　）
(4)（◯）（　）
(5)（　）（◯）

2
(1)書かれる
(2)持たれる
(3)数えられる
(4)決められる
(5)言われる
(6)助けられる

13 尊敬語「お…になる」 25・26ページ

1
(1) ①お配りになる ②お読みになる ③お帰りになる

2
(1) お聞きになる
(2) お帰りになる
(3) お読みになる
(4) お呼びになる
(5) お話しになる
(6) お配りになる

14 尊敬語「ご…になる」 27・28ページ

1
(1) ご参加になる
(2) ご乗車になる
(3) ご使用になる
(4) ご説明になる
(5) ご利用になる
(6) ご活やくになる

2
(1) ご乗車になる
(2) ご参加になる
(3) ご利用になる
(4) ご使用になる
(5) ご説明になる
(6) ご活やくになる

15 尊敬語「お…になる」「ご…になる」 29・30ページ

1
(1) （◯）（ ）
(2) （◯）（ ）
(3) （◯）（ ）
(4) （ ）（◯）
(5) （ ）（◯）

2
(1) お配りになる
(2) お呼びになる
(3) ご乗車になる
(4) お帰りになる
(5) ご説明になる
(6) ご活やくになる

16 尊敬語「特別な言葉」① 31・32ページ

1
特別な言葉の尊敬語を覚えましょう。

2
(1) 食べる
(2) くれる
(3) 言う
(4) する
(5) 知っている
(6) いる
(7) 来る

17 尊敬語「特別な言葉」② 33・34ページ

1
(1) ( ) (◎)
(2) ( ) (◎)
(3) ( ) (◎)
(4) (◎) ( )

2
(1) くれる
(2) 食べる
(3) する
(4) 知っている
(5) 言う
(6) いる

18 尊敬語「特別な言葉」③ 35・36ページ

1
(1) いる
(2) 行く
(3) 来る
(4) いる
(5) 来る

2
(1) めし上がる
(2) おっしゃる
(3) なさる
(4) ご存じだ
(5) いらっしゃる
(6) くださる

19 尊敬語――まとめ ① 37・38ページ

1
(1) 行かれる
(2) いらっしゃる (おいでになる・おこしになる)
(3) 会われる
(4) お会いになる
(5) めし上がる(上がる)
(6) くださる
(7) ご存じだ
(8) なさる
※このドリルであつかっていない敬語も、( )で示しています。

2
(1) 読まれる
(2) 助けられる
(3) 呼ばれる
(4) 開けられる
(5) かけられる
(6) 持たれる

20 尊敬語（そんけいご）――まとめ ②

39・40ページ

1
(1) お読みになる
(2) ご活やくになる
(3) お話しになる
(4) ご参加になる
(5) お聞きになる
(6) ご使用になる

2
(1) いらっしゃる
(2) くださる
(3) めし上がる（上がる）
(4) なさる
(5) ご存じだ
(6) おっしゃる
(7) いらっしゃる（おられる）

21 けんじょう語「お…する」「ご…する」 ①

41・42ページ

1 「お…する」「ご…する」のけんじょう語を覚えましょう。

2
(1) お話しする
(2) お教えする
(3) お聞きする
(4) ご案内する
(5) ご質問する
(6) お見送りする
(7) ご報告する

22 けんじょう語「お…する」「ご…する」 ②

43・44ページ

1
(1) （ ）（◯）
(2) （◯）（ ）
(3) （◯）（ ）
(4) （ ）（◯）
(5) （ ）（◯）

2
(1) お聞きする
(2) ご案内する
(3) お会いする
(4) お待ちする
(5) ご説明する
(6) ご報告する

23 けんじょう語「特別な言葉」 ①

45・46ページ

1 特別な言葉のけんじょう語を覚えましょう。

2
(1) たずねる
(2) 食べる
(3) 言う
(4) 行く
(5) する
(6) もらう
(7) 見る

24 けんじょう語「特別な言葉」② 47・48ページ

1
(1) もらう
(2) 行く（訪問する）
(3) 言う
(4) 見る
(5) 聞く

2
(1) （◎）（　）
(2) （　）（◎）
(3) （◎）（　）
(4) （　）（◎）
(5) （　）（◎）

25 けんじょう語――まとめ 49・50ページ

1
(1) お会いする
(2) お聞きする
(3) いたす
(4) うかがう（参る）
(5) 申す（申し上げる）
(6) いただく
(7) 参る
(8) 拝見する

2
(1) いただく
(2) うかがう（参る）
(3) 申す（申し上げる）
(4) うかがう
(5) いたし
(6) 拝見する

26 敬語（けいご）の使い方 ① 51・52ページ

1
(1) ウ　(2) ア
(3) イ　(4) ウ
(5) ア　(6) イ
(7) イ　(8) ウ

2
(1) いらっしゃる
(2) おっしゃる
(3) 申す（申し上げる）
(4) めし上がる（上がる）
(5) 参る
(6) なさる
(7) いたす
(8) くださる
(9) いただく
(10) 拝見する

27 敬語の使い方 ②

53・54ページ

1 (1)○ (2)×
(3)○ (4)○
(5)× (6)○
(7)× (8)×
(9)○ (10)×

※(2)「ご案内になる」は尊敬語、(5)「ご参加する」はけんじょう語、(7)「かけられる」は尊敬語、(8)「いたし(ます)」はけんじょう語、(10)「参り(ます)」はけんじょう語です。

2 (1)お茶です
(2)走ります
(3)夜です
(4)遊びます

3 (1)お聞きする
(2)お話しする
(3)お会いする
(4)おむかえする

28 敬語の使い方 ③

55・56ページ

1 (1)書かれる
(2)助けられる
(3)行かれる
(4)かけられる

2 (1)お読みになる
(2)お聞きになる
(3)お配りになる
(4)お帰りになる

3 (1)くださる
(2)いらっしゃる
(3)拝見する
(4)いただく
(5)おっしゃる